# Farbe, Form und Fantasie

## Das Kunstbuch für die Grundschule 4

Herausgegeben und verfasst von
Eberhard Brügel und Michael Klant

Schroedel

# Inhalt

**Hinweiszeichen**

- Betrachte das Bild genau.
- Gestalte selbst.
- Suche mit einem Rahmen aus Papier oder Pappe Ausschnitte.
- X X Schlage auf Seite X nach.
- Suche ähnliche Beispiele in diesem Buch.
- Suche Beispiele in deiner Umgebung.
- Schlage den Begriff auf Seite 60/61 nach.

John Constable: Wolkenstudie in Hampstead, England, 1821.
Ölfarben auf Papier. 24,2 x 29,8 cm. Royal Academy of Art, London.

# Farben, Formen, Bewegungen

Vor mehr als 150 Jahren lebten in England zwei berühmte Landschaftsmaler: John Constable und William Turner. Beide malten gern Himmel mit Wolken. Constable malte sogar reine Wolkenbilder ohne Horizont.

Beschreibe die Farben in den beiden Wolkenbildern. Sie sind sehr unterschiedlich. Woran könnte das liegen?
Wie geben die Maler die Bewegung der Wolken wieder?

William Turner: Sonnenaufgang in Venedig, Italien, 1819.
Aquarell. 22,2 x 28,7 cm. Tate Gallery, London.

Beobachte den Himmel und die Wolken draußen: welche Farbtöne zu erkennen sind, wie die Wolken schweben, sich zusammenballen, ... Kennst du Wolkenformen mit Namen?

Der Maler Leonardo da Vinci liebte es, in Wolken „wundersame Erfindungen" zu suchen. Mache es ihm nach.

Male ein Bild mit dem Titel „Ein Gewitter zieht ab". Versuche die Bewegung der Wolken zu zeigen. Wenn du Lust hast, kannst du ein geheimnisvolles Wesen in den Wolken verstecken.

# Das Auge

Joseph Sacco: Augenporträt einer jungen Frau, 1844.
Temperafarben auf Papier. 12 x 9 cm. Menil-Stiftung, Houston.

## Schöner als Edelsteine

Für Künstlerinnen und Künstler sind Augen besonders wichtig. Sie betrachten mit ihren eigenen Augen die Welt genau, und sie müssen die Augen anderer Menschen malen, wenn sie ein Porträt anfertigen. Vor ungefähr 200 Jahren bekamen Künstler oft Aufträge, „Augenporträts" zu malen. Sie wurden als Zeichen der Freundschaft verschenkt, so wie das kleine Bild links, eine Miniatur. Das Bild auf der rechten Seite ist ein größeres Gemälde.

Beschreibe die beiden Augenbilder. Was ist dargestellt, was fehlt? Was meinst du zum Titel des Bildes von Magritte?

Untersuche die Augen von Mitschülerinnen und Mitschülern vorsichtig mit der Lupe. Beschreibe die Farben und Formen der Iris.

Male für eine Freundin oder einen Freund ein großes, rundes Augenporträt, das nur Iris und Pupille zeigt.

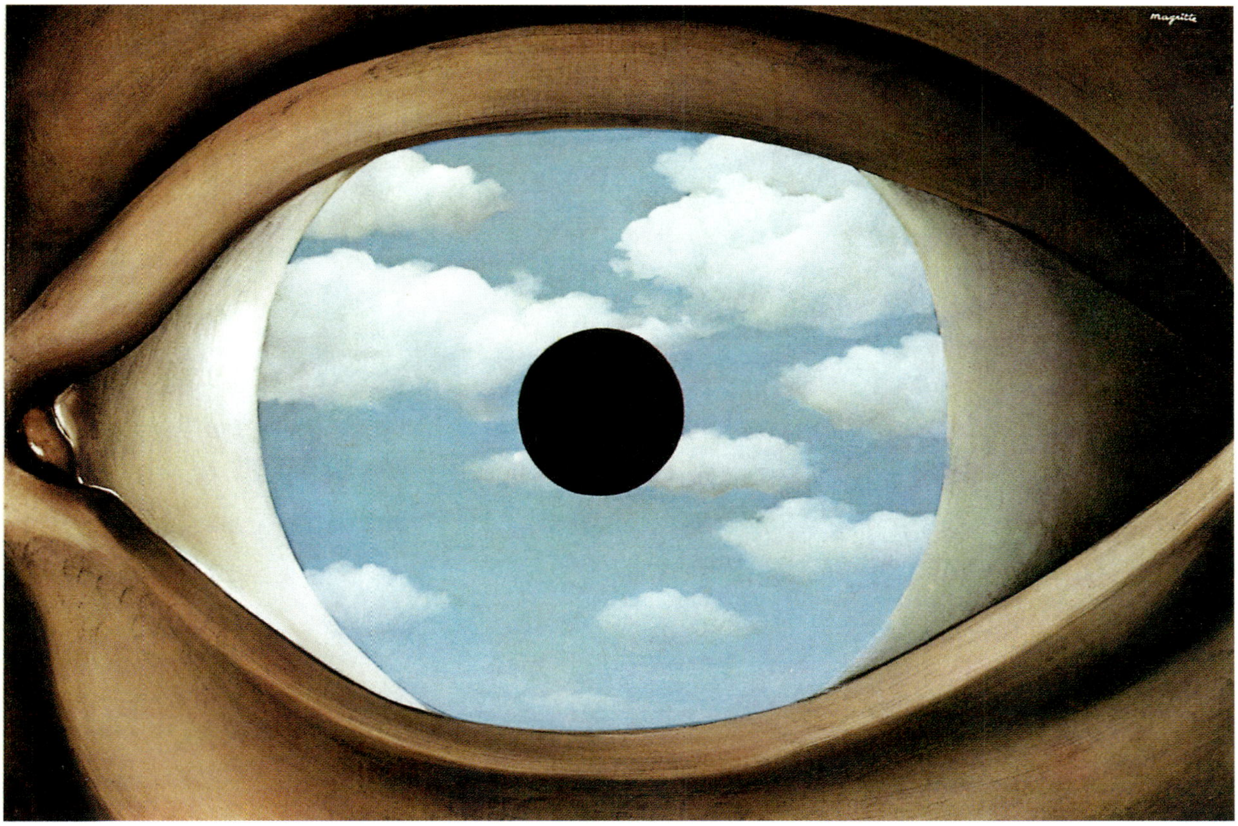

René Magritte: Der falsche Spiegel, 1928. Ölfarben auf Leinwand. 54,0 x 80,9 cm.
Museum of Modern Art, New York.

4/5

# Unser Auge

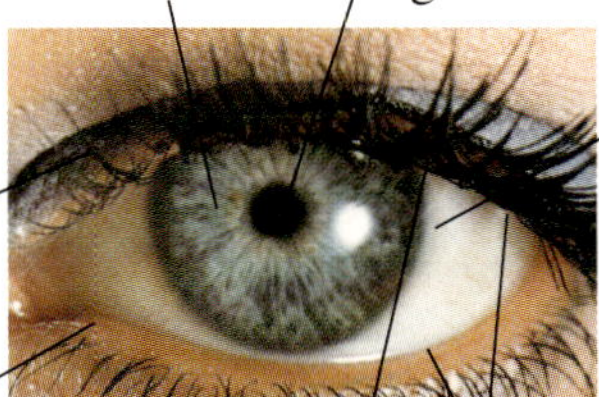


Pressemeldung

*Computersystem erkennt Sportler an den Augen*

Die Iris täuscht nicht, glauben die Verantwortlichen bei den Olympischen Winterspielen in Nagano, Japan. Der Zugang zur Waffenkammer der Biathleten, der Ski fahrenden Sportschützen, wird durch ein elektronisches Computersystem überwacht. Es erkennt die Sportler individuell am Muster ihrer Iris. Will ein Sportler zur Waffe greifen, muss er zuvor in eine Videokamera schauen. Das System ist fälschungssicher.

# Die Welt steht Kopf

Bild von
Almut Gernhardt.
Gedicht von
Robert Gernhardt,
1975.

Der Spiegelsee ist tief und still,
er spiegelt alles, was er will:

Er spiegelt nicht, wie sich's gehört,
ein Schwein als Schwein, ein Pferd als Pferd –,
wenn es ihm passt, zeigt er das Schwein
als Pferd, das Pferd als Stein,
den Stein als Wolf, den Wolf als Hecht,
den Hecht als Frau, die Frau als Specht. –
Nur wenn des Nachts mit schwerem Schritt
der Elefant ans Ufer tritt,
dann spiegelt ihn der Spiegelsee
nicht als Kamel, Fuchs oder Reh,
nein, nein, er zeigt den alten Freund
so, wie ihn still der Mond bescheint:
Sehr groß, sehr weiß, sehr unbewegt,
kaum, dass er seine Ohren regt. (Oder?)

Weshalb endet das Gedicht mit einer Frage?

# Spiegelungen malen

Male ein Tier, das am Spiegelsee steht, und ein ganz anderes Tier als Spiegelbild im See.

Male dich selbst am Ufer des Spiegelsees und neben dein Spiegelbild noch eine Freundin oder einen Freund, ein Tier oder eine Lieblingsfigur aus dem Fernsehen.

Male dich selbst und dein Spiegelbild als Königin oder König, als Musik- oder Filmstar in wunderschönen oder verrückten Kleidern.

Die Farbe des Wassers

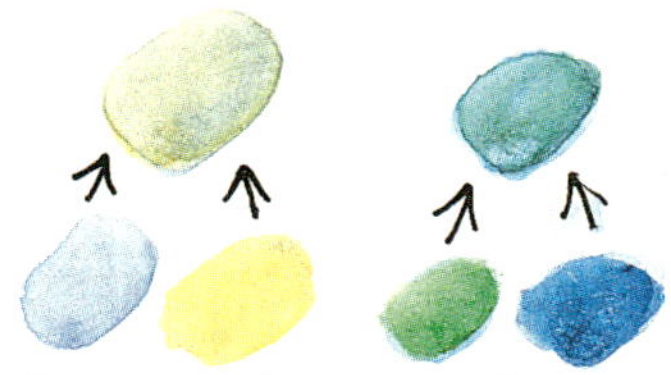

… kannst du aus Blau- und Grüntönen mischen. Vielleicht nimmst du noch etwas Gelb oder Weiß dazu.

Verwende zum Mischen den Deckel des Farbkastens. Bei Dispersionsfarben ist dafür ein Eierbehälter geeignet.

Für das Spiegelbild im Wasser nimmst du dieselben Farben, die du für die Figur am Ufer verwendet hast. Du mischst ganz wenig von der Farbe des Wassers hinzu.

# Spiel mit Spiegeln

Parmigianino: Selbstbildnis im Konvexspiegel, 1523.
Ölfarben auf einer nach außen gewölbten Holzscheibe. Durchmesser 39 cm.

Als Parmigianino sein Porträt malte, gab es nur die nach außen gewölbten Konvexspiegel. Es waren Zerrspiegel.

Beschreibe die Wirkung des Konvexspiegels an diesem Bild. Konnte Parmigianino sein Gesicht immer nur verzerrt sehen?

Auch auf dem Bild unten kannst du interessante Spiegelungen entdecken. Suche „Spiegel-Dinge" in deiner Umgebung.

## ... in Gemälden

Johann Erdmann Hummel: Die Granitschale im Lustgarten in Berlin, um 1831.
Ölfarben auf Leinwand. 66 x 89 cm.

Löffel aus Edelstahl wirken wie Hohlspiegel (Konkavspiegel) oder wie Konvexspiegel.

Ein Mädchen und sein Bild in einem Zerrspiegel.

Heinz Mack: Spiegel zwischen Himmel und Wüste, 1967.

## … mit Folien

Abraham van Beyeren: Prunk-Stillleben. Ölfarben auf Leinwand. 111,0 x 98,5 cm. Staatliche Kunsthalle Karlsruhe.

Ausschnitt aus dem Bild.

# Stillleben

Ein Tisch ist mit wertvollem Geschirr und vielen Früchten voll beladen. Aber kein einziger Mensch ist zu sehen.* Es ist weder ein Mittagstisch noch eine Festtagstafel dargestellt, sondern ein Stillleben: eine kunstvolle Anordnung von leblosen Gegenständen.

Nenne die dargestellten Früchte. Wie sind sie zur Schau gestellt?
Welche essbaren Dinge erkennst du außerdem?
Aus welchem Material sind die Schalen, Schüsseln und Krüge?
Worauf legte der Künstler beim Malen besonderen Wert?
Suche einen anderen passenden Titel für das Bild.

Baut einen gedeckten Tisch als Stillleben auf und fotografiert es.

*Das stimmt nicht ganz: Entdeckst du den Maler im Bild?

10

Aufgeklappte Eiskarte, äußere Seite. (Auf der Innenseite sind die einzelnen Eissorten und Eisbecher mit Preisen angegeben.)

## Das Auge isst mit

Worin unterscheidet sich die Farbe des Eises von der Farbe der Früchte?
Das Eis ist richtiges Speiseeis. Sind auf der Eiskarte alle Gegenstände echt?

Vergleiche die Bilder auf diesen beiden Seiten. Was ist gleich, was ist anders?

Entwirf für ein Eiscafé einen verrückten Eisbecher mit einem Fantasie-Namen. Du kannst ihn malen oder aus Ton, Papiermaché oder einer mit Wasser angerührten Plastikmasse formen.

Claes Oldenburg: Torte mit Eiscreme, 1962. 55,9 cm hoch. Drahtgestell, in Gips getränkte Stoffstreifen, Lackfarbe.

# Warnen

## Signale

Paul Klee:
Unterwasser-Garten, 1939.
Ölfarben auf Leinwand.
100 x 80 cm. Privatbesitz.

Mitten in einer fremden Welt mit seltsamen Pflanzen und Steinen lebt ein klitzekleiner Fisch. Lebt er an einem sicheren oder an einem gefährlichen Ort? Beachte Formen und Farben und auch den Titel des Bildes.

Man spricht von „Signalfarben" oder „Warnfarben".
Nenne mindestens zehn Beispiele für Signal- und Warnfarben (Tiere, Kleidung, Fahrzeuge, Gegenstände).

Entwirf für dich selbst einen signalfarbenen Anorak oder Mantel mit Mütze und Handschuhen für die dunklen Tageszeiten im Winter.

Male dich in einem signalfarbenen Taucheranzug zwischen warnfarbigen Fischen.

Wespe

Schwebfliege

Die gelb-schwarzen Streifen findest du auch als Signale und Warnzeichen in deiner Umgebung.

# Auffällige Zeichen

Wespenstiche tun weh. Zum Glück warnen die Wespen Menschen und Tiere mit ihrem auffälligen gelb-schwarzen Streifenmuster: Kommt mir nicht zu nahe, ich steche!
Die harmlose Schwebfliege hat das Warnkleid der Wespe übernommen und täuscht damit vor, sie sei gefährlich.

Notiere alle Streifenmuster, die du auf deinem Schulweg entdeckst.

Fragt nach, ob ihr Pfeiler oder Ecken in eurer Schule mit Warnfarben und Warnmustern anmalen dürft.

Zebrastreifen: gut sichtbar!

Zebrastreifen: gut sichtbar?

# Tarnen

## Täuschen

Indischer Blattschmetterling;
links oben: Oberseite – links unten: Unterseite –
rechts: in Ruhestellung auf einem Ast.

Manche Tiere sind richtige Versteck-Künstler. Sie sehen ihrer Umgebung so ähnlich, dass sie als Blatt, als Stein oder als Blüte erscheinen.

Vergleiche den Indischen Blattschmetterling und das Blatt, das er vortäuscht: Was ist gleich, was anders?

Gestalte einen Blattschmetterling. Nimm ein Laubblatt: Zeichne die Umrisse auf einem Papier mit einem Bleistift nach. Zeichne einen Schmetterlingskörper daran. Schneide den Schmetterling aus und bemale beide Seiten.

Was für ein Tier tarnt sich auf diesem Bild?

Lösung: ein Fisch.
(Er heißt „Meersau".)

# Sich verstecken

Die Tarnung bei den Tieren auf dieser Seite ist nicht gleich gut. Warum nicht? Schaue dir Farben und Formen genau an.

Male mit Farbflecken einen Kiesboden, eine Baumrinde oder einen Waldboden. Zeichne ein Tier auf ein anderes Papier. Schneide es aus und lege es auf dein „Fleckenbild". Male dein Tier so an, dass es getarnt wird.

Falter der Gattung Bodeneule.
Links:
Graue Spätsommer-Bodeneule.
Rechts:
Hellgraue Erdeule.

Saul Steinberg: Vogel und Insekten, 1945. Tusche und Feder. 36,8 x 58,4 cm.

## Mit Feder...

Ein Vogel stolziert zwischen seltsamen Pflanzen, die du in deinem Sachkundebuch nicht findest.

Beschreibe Blätter und Blüten und Pflanzen.

16/17

Außer dem Vogel gibt es auf der Zeichnung noch andere Tiere. Warum sind sie nur schwer zu entdecken?

Vergleiche die Federzeichnung mit den Pinselzeichnungen.

Zeichne mit der Feder einen Garten mit seltsamen Türmen, Gebäuden, Brücken, Brunnen, Pflanzen, Tieren ...

Zeichne mit halbtrockenem Borstenpinsel die Frisur, die bei der Weltmeisterschaft der Frisöre den ersten Preis bekommen hat.

Artur Stoll: Ohne Titel, 1977. Tusche und Pinsel.

So sieht der Strich aus, der mit dem halbtrockenen Borstenpinsel gezeichnet wird. „Halbtrocken" heißt der stark ausgewischte Pinsel. Mit ihm kannst du Haare, Fell, Pelz, Federn, Borsten, Stoppeln usw. zeichnen.

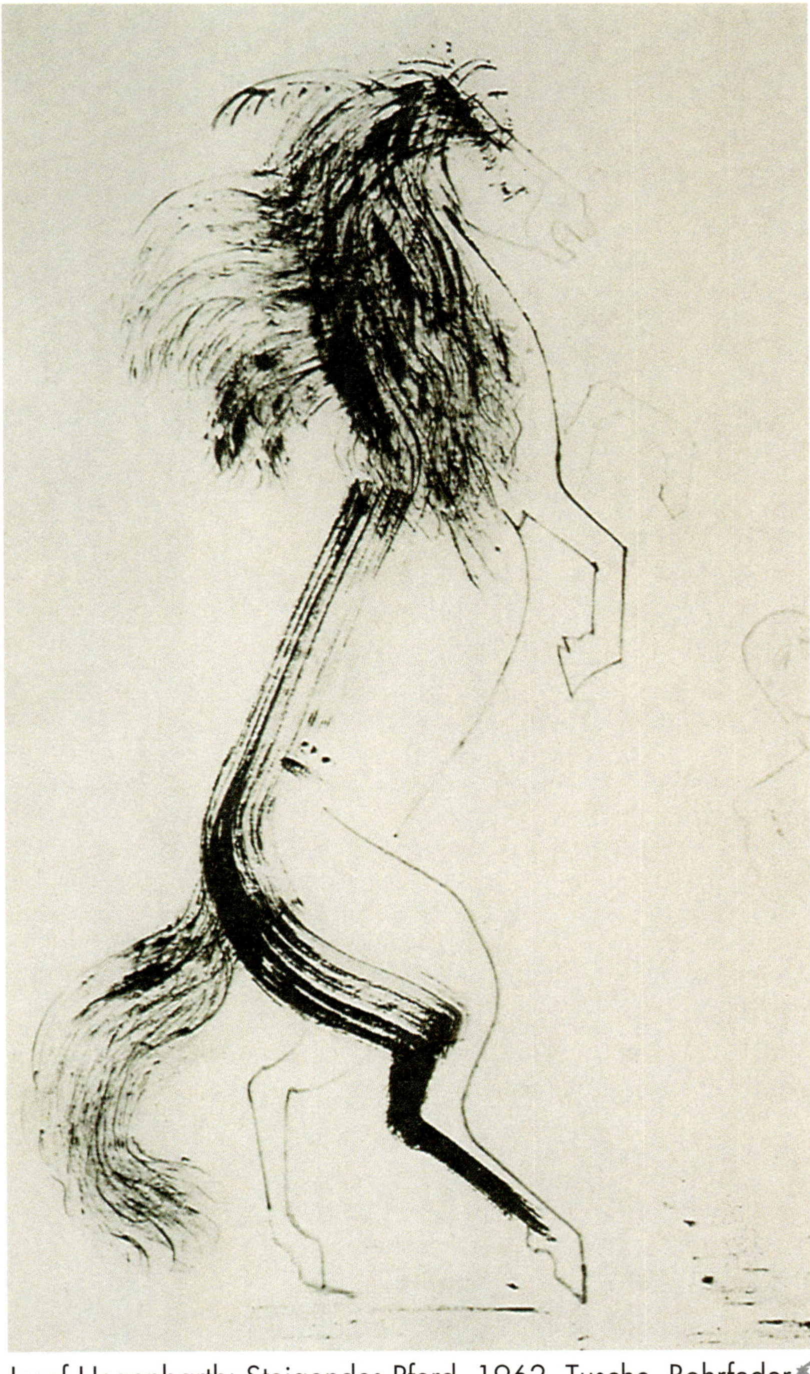

Josef Hegenbarth: Steigendes Pferd, 1962. Tusche, Rohrfeder und halbtrockener Borstenpinsel. Ausschnitt.

# ...und Pinsel

# Die FFF 4-Zeitung

**Unabhängiges Blatt für neugierige Schülerinnen und Schüler der Klasse 4**

Schroedel Verlag Hannover | **Einmalige Erscheinung** | Äußerst preiswert

Zu lesen ab sofort bis mindestens 1. Januar 2022

## Weißes Schaf mit schwarzen Punkten!

Das Beweisfoto, Punkt für Punkt *(Fotos: Arno Balzarini)*

Das Schaf, das auf einem Feld im Schnee entdeckt wurde, versteckte sich in einer Herde. Es nutzte ihm aber nichts. Es kam heraus, dass es wie alle schwarz-weißen Zeitungsfotos von den Ohren bis zu den Hufen aus vielen schwarzen Punkten besteht. Dieser Trick nennt sich Zeitungsraster oder Punktraster.

### NEUER WETTBEWERB

Zeichne deinen Lieblings-Star! Die schönsten Bilder sollen in eurer Klassenzeitung abgebildet werden. Die Redaktion eröffnet die Ausstellung hier mit einer Zeichnung, die uns Manfred Bofinger aus Berlin von seiner Lieblings-Sängerin schickte.

*Zeichnung von Manfred Bofinger*

### Endlich: Layout erklärt

Unter *Layout* versteht man die Aufmachung einer bedruckten Seite. Zeitungen haben Schlagzeilen, Überschriften, Texte, Schmuckleisten und Bilder. Bei der ersten Seite gehört noch der Zeitungskopf dazu.

Festgelegt ist der *Satzspiegel.* Er bestimmt den Abstand zwischen Rändern und bedruckter Fläche.

Die Schrift auf einer Seite besteht aus verschiedenen *Typen* und Größen.

Der Text ist in Spalten oder *Kolumnen* aufgeteilt. Jede *Rubrik* hat einen festen Platz, so wie bei uns die „Kultur" auf Seite 2.

### Hinweise für Schulklassen

Beschreibt die Bestandteile des Zeitungs-Layouts auf dieser Seite.
Betrachtet das Zeitungsfoto mit der Lupe. Beschreibt Form, Größe und Anordnung der Rasterpunkte.
Bringt verschiedene Zeitungen mit und vergleicht die Zeitungsköpfe.
Untersucht das Layout dieses Buches.

Malt, zeichnet, fotografiert, stempelt die Vorderseite eurer Klassenzeitung.

# *Collage aus Papierschnipseln*

**Eine Reportage aus dem Atelier des Künstlers Jiri Kolár**

Nichts veraltet schneller als eine Tageszeitung. Doch immer wieder beweisen Künstlerinnen und Künstler, dass ausgelesene Zeitungen, Zeitschriften oder Bücher nicht im Altpapier landen müssen, damit sie dem Recycling zugeführt werden. Sie können auch als Rohstoff für Kunst dienen! Der Künstler Jiri Kolár aus Prag hat einem Journalisten und einem Fotografen einen Besuch in seinem Atelier gestattet.
Kolár zerreißt bedrucktes Papier und klebt die Schnipsel auf. Dieses Verfahren heißt Collage.

Der Künstler bei der Arbeit. Er trägt Leim mit dem Pinsel auf.
*(Foto: Franz Killmeyer)*

Eigentlich ist Kolár Dichter. Auf die Frage, wie er zur Collage gekommen ist, erzählt er: „Ich schrieb meine Texte und warf sie in den Papierkorb. Als ich einen – schon zerknüllten – Text wieder aus dem Korb holte, sah ich ihn plötzlich mit anderen Augen." So begann er, die Blätter zu zerschneiden.
Der FFF-Redaktion gefielen besonders die „Meditierenden (nachdenkenden) Äpfel", bei denen Kolár vier gleiche künstliche Äpfel so überklebt hat, dass jeder anders aussieht.

Jiri Kolár: Meditierende Äpfel, 1965. *(Foto: Studio Bachmeyer)*

**Anregungen für junge Künstlerinnen und Künstler:**

Fertige eine Collage-Skulptur, indem du kleine Gegenstände mit Zeitungsschnipseln überklebst.

# Daumenkino

## Bilder lernen laufen

1872 schlossen zwei reiche Pferdefreunde in Amerika eine Wette über 25 000 Dollar ab. Der eine, Leland Stanford, behauptete: Ein Pferd berührt beim Galopp immer mit mindestens einem Huf den Boden. Der andere, Frederic MacCrellish, war überzeugt: Das Pferd hat einen Moment lang gleichzeitig alle vier Hufe in der Luft.
Sie beauftragten den Fotografen Eadweard Muybridge, Beweisfotos zu machen. Seine Fotos zeigen 18 Phasen der Bewegung.
Von dieser Fotoreihe war es nur ein kleiner Schritt zum „laufenden" Bild, zum Kinofilm. Betrachtet man nämlich die einzelnen Bilder rasch hintereinander, so entsteht der Eindruck einer Bewegung. Das erkannte auch der Fotograf Muybridge. Er gehörte zu den ersten, die Filmvorführgeräte bauten.

Eadweard Muybridge: Pferd in Bewegung. Fotoserie, abgedruckt 1878 in der Zeitschrift „Scientific American" („Der wissenschaftliche Amerikaner").

Wer hat die Wette gewonnen?
Welche Phasen beweisen das?

Loriot's Filmfestival: *Casanova.*

# Das einfachste Kino …

… ist das „Daumenkino". Seine Bilder befinden sich auf einem kleinen Papierblock, der mindestens zehn Blätter haben sollte. Wenn der Block mit dem Daumen schnell abgeblättert wird, entsteht der Eindruck einer Bewegung. So kannst du deine eigenen Zeichentrickfilme herstellen:

Wodurch entsteht der Witz beim Daumenkino von Loriot auf dem Bildstreifen unten? Wie oft wiederholen sich dieselben Zeichnungen? Was verändert sich, wenn es einen Wechsel von Bild zu Bild gibt? Was bleibt gleich?

Stellt Daumenkinos mit zehn oder mehr Bildern her und macht eine Vorführung in der Klasse. Mögliche Themen: ein Torschuss mit dem Fußball, ein Hampelmann in Bewegung, ein heranziehendes Gewitter, eine wachsende Pflanze.

a

b

## Eine unfertige Bildergeschichte

Was für ein Durcheinander! Wie der englische Name Comic strip* schon sagt, geht es zwar um eine lustige Bildergeschichte, aber hier ist fast alles verkehrt.
Die Reihenfolge der Bilder stimmt nicht, mit Ausnahme des ersten Bildes.
Außerdem fehlen in den Sprechblasen die Texte.
Donald Duck ist in vielen Comic strips (kurz auch: Comics) der Pechvogel.
Diese Bildergeschichte sollte aber eigentlich ein gutes Ende für ihn haben.
Kannst du Donald aus der Patsche helfen?

c

d

e

f

Ordne die Texte den leeren Sprechblasen zu.
Bringe die Bilder in eine passende Reihenfolge.
Du kannst diese beiden Buchseiten ja nicht zerschneiden und die Bilder auch nicht beschriften.
Wie gehst du am besten vor?

Vergleiche Donald Duck mit dem Foto der Ente.
Was hat der Comic-Zeichner alles verändert?

Donald könnte einen viel schöneren Hut haben.
Male einen für ihn.
Spielt die Bildergeschichte nach. Denkt euch weitere Rollen und Verkleidungen aus – zum Beispiel verrückte Hüte.

# Geld

## Aus aller Welt!

n

n

Jedes Land hat seine eigene Währung (Geldsorte).

1 Brasilien (Cruzeiro)
2 China (Yuan)
3 Costa Rica (Colón)
4 Jamaika (Dollar)
5 Kenia (Shilling)
6 Kolumbien (Peso)
7 USA (Dollar)
8 Vietnam (Dong)

a

 e

k

B

Hier sind acht Geldscheine aus acht Ländern in Originalgröße abgebildet.

Beschreibe die Geldscheine. Welche sprechen dich an? Was ist bei allen gleich?

Ordne die Geldscheine den Ländern zu.
Die Buchstaben bei den Abbildungen ergeben als Lösungswort einen anderen Begriff für „Geldschein".

o

t

Kennst du Währungen anderer Länder?

Male den Entwurf eines Geldscheins in einer Fantasie-Währung.

▲ Mit einer riesigen geflochtenen Maske verabschiedet sich auf der indischen Insel Irian Jaya (Asien) die Familie von einem Toten. Nach der Feier adoptiert der Maskenträger die Kinder des Verstorbenen.

# In fernen Ländern

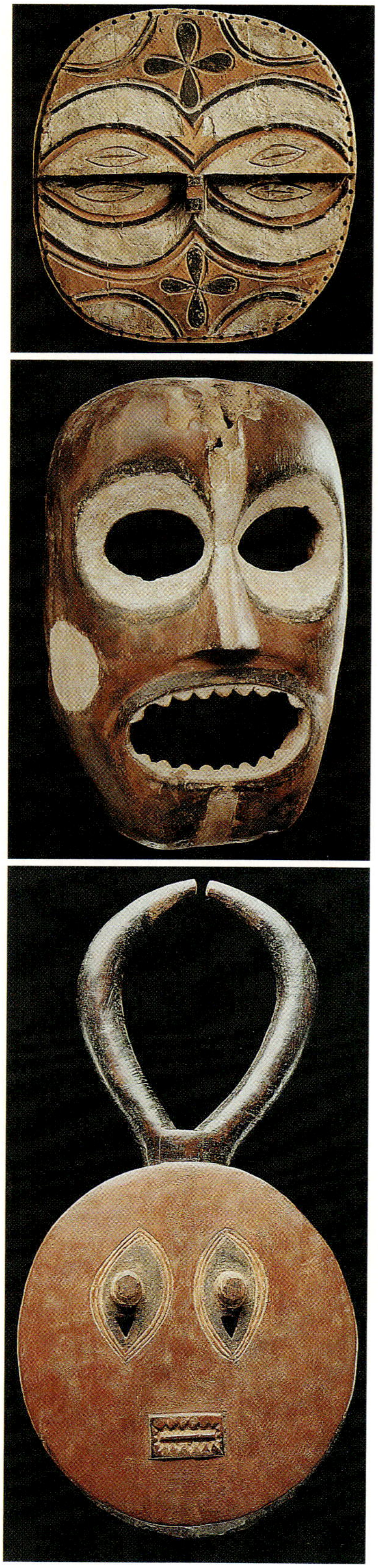

◀ Afrikanische bemalte Gesichtsmasken aus Holz: Kongo (oben), Zaire (Mitte), Elfenbeinküste (unten). Mit den Masken nehmen die Tänzer Verbindung mit den Seelen der Ahnen auf.

▲ In Brasilien (Südamerika) bitten die Indios ihre Götter in einer Zeremonie, bei der Masken getragen werden, um eine gute Ernte.

27

▲ Um 8 Uhr beginnt am Fasnachtsmontag in Rottweil (Süddeutschland) der „Narrensprung“: Umzug der Narren.

# Bei uns

Die Masken rechts gehören zu den Narrengestalten „Gschell“ (oben) und „Federehannes“ (unten). Sie stammen aus der Barockzeit* im 17. Jahrhundert. ▶

Wie geht oder läuft wohl die Narrenfigur des „Gschell“? Probiere die Bewegungen aus. Welche Maske auf diesen beiden Seiten macht dir Angst, welche nicht? Begründe deinen Eindruck.

Zeichne oder male eine Maske für dich selber. Überlege, bei welchem Anlass du sie tragen könntest.

Festmaske aus einem Pappteller, Mexiko.

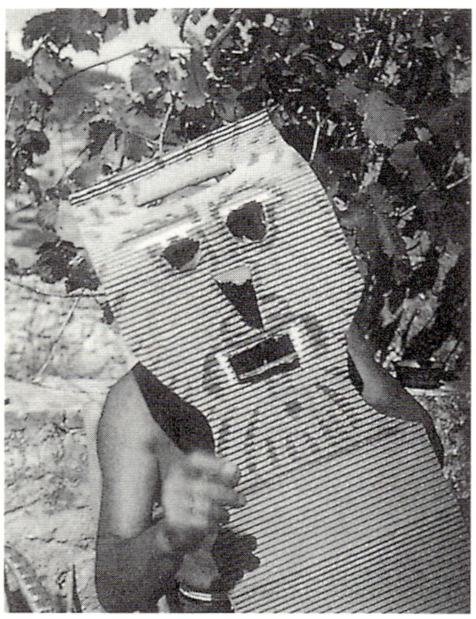

Der Künstler Pablo Picasso mit einer Maske aus Wellpappe.

## Einfache Gesichtsmaske

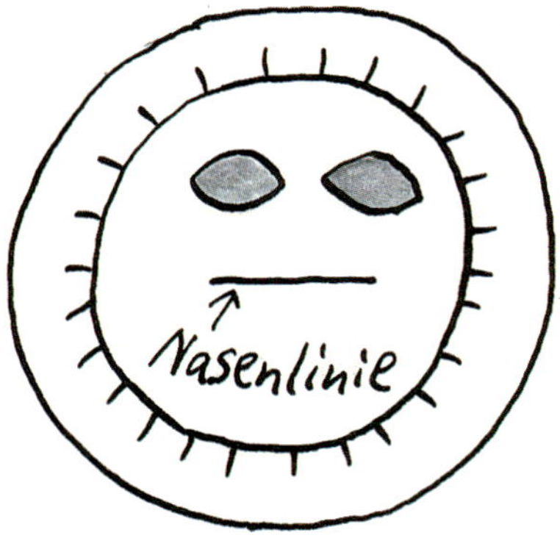


Auf einem Pappteller alle Teile aufzeichnen, die ausgeschnitten werden sollen. Erst die Augen ausschneiden.

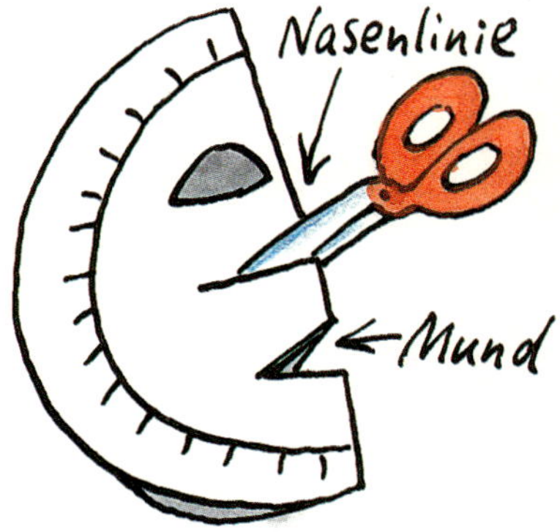


Pappteller in der Mitte falten. Nasenlinie einschneiden. Du kannst auch den Mund ausschneiden.

Die Mundpartie nach innen flach drücken. Mit Bändern an den Seiten kannst du dir die Maske umbinden.

Du kannst die Maske auch noch bemalen und mit Material bekleben.

Denkt euch Szenen für ein Spiel mit euren Masken aus.
Beispiel: Zwei fremde Masken begegnen sich, umschleichen sich misstrauisch, nähern sich, beschnuppern sich, begrüßen sich vorsichtig und feiern dann Freundschaft.

Überlegt, welche Musik am besten zu euren Masken passt, und übt einen Tanz ein.

# Helmmaske

Gerüst aus Papp-streifen...
...dem Kopf anpassen.
Verrückte Aufbauten
Mit Kleister bestrichene Streifen aus Zeitungs-papier.
ZEITUNG
KLEISTER
Zum Schluss mit dünnem weißen Papier bekleben.
Eine Woche später: Augenlöcher zeigen, aufzeichnen und aus abgesetzter Maske ausschneiden...,
...mit Dispersions-farben bemalen.

Paul Klee: Zwei Männer, einander in höherer Stellung vermutend, begegnen sich, 1903. Radierung. 11,8 x 22,4 cm. München, Städtische Galerie am Lenbachhaus.

# Andere Zeiten, andere Länder, andere Sitten

Die richtige Begrüßung kann lebenswichtig sein. Hände schütteln bedeutete früher: Ich trage keine Waffe. Als die ersten Europäer um 1700 nach Neuseeland kamen, schwenkten die Maori, die Ureinwohner, in freundlicher Absicht ihre Waffen. Es kam zu Kämpfen, weil die Europäer die Begrüßung nicht gleich verstanden hatten.

Auf den Hawaii-Inseln bekommen Besucher heute noch bei der Ankunft eine Blumenkette. Das Winken mit der Hand meint bei uns „Hallo" oder „Auf Wiedersehen". In asiatischen Ländern kann es „Komm her" bedeuten. In einigen Gegenden Schottlands wird es sogar als Beleidigung aufgefasst.

Warum verbeugen sich die Männer in Paul Klees Bild eurer Meinung nach so tief? Spielt die Szene nach, um es herauszufinden.

Beschreibe die Fotos auf der rechten Seite. Kennst du noch andere Formen der Begrüßung?

# Handkuss und High-five

Die englische Königin Victoria wird mit Kniefall und Handkuss begrüßt (um 1840).

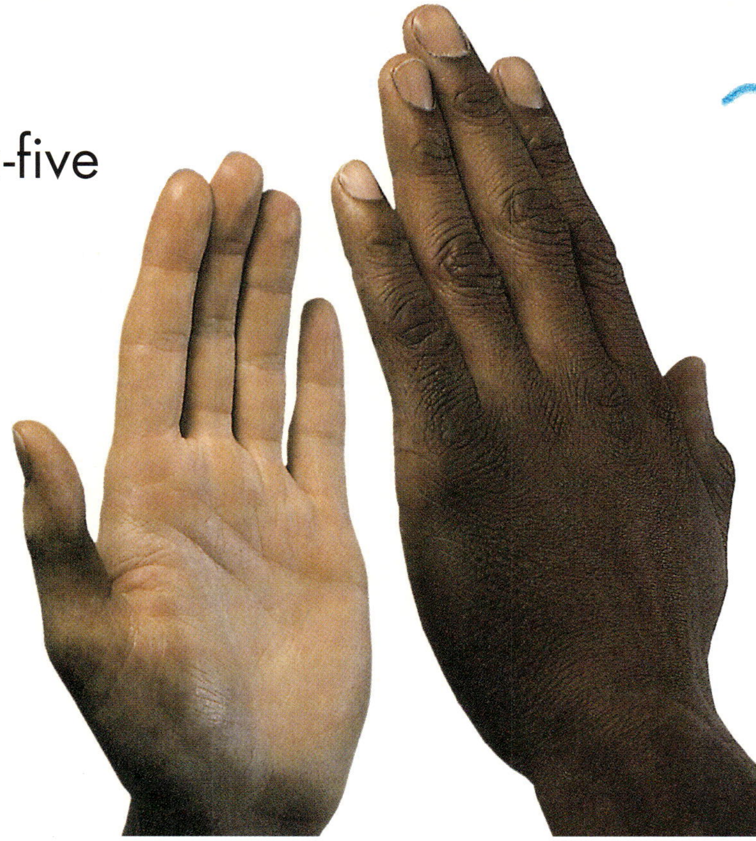

Die „High-five" (englisch: „hohe fünf", sprich: „hai faif") wurde um 1980 von amerikanischen Schülern beim Basketball erfunden.

Bei der Begrüßung mit Wangenkuss küsst man sich in Mexiko ein-, in Frankreich zwei-, in Ägypten drei-, in Italien viermal.

Die Maori pressen ihre Nasen aufeinander. Eskimos reiben sie.

Ein Soldat salutiert.

Wie möchtest du als wichtige Person begrüßt werden? Bereitet euch abwechselnd gegenseitig einen großen Empfang. Verkleidet euch, erfindet Begrüßungen, rollt einen roten Teppich aus, verändert den Raum …
Dreht einen Video-Film von euren Begrüßungen.

# Relief

## Erhabene Kunst

Pegasus auf
einer Silbermünze
aus Korinth, Griechenland,
4. Jahrhundert v. Chr.
Durchmesser 24 mm.

Diese Darstellung auf einer alten griechischen Münze könntest du auch mit geschlossenen Augen ertasten. Das geflügelte Pferd, der sagenhafte Pegasus, ist nämlich ein Relief.* Dieses Wort kommt aus der italienischen Sprache und bedeutet „Erhöhung".
Es gibt unterschiedlich hohe („erhabene") Reliefs: Die niedrigen heißen Flachreliefs, die halbhohen nennt man Halbreliefs und die ganz hohen sind Hochreliefs. Die Pegasus-Münze ist ein Flachrelief.

Es gibt aber auch versenkte Reliefs, vor allem im alten Ägypten. Das Bildnis der Königin Nofretete, Gemahlin des Pharaos Echnaton, mit den beiden Schlangen an der hohen Krone ist dafür ein Beispiel.

Beschreibe die Unterschiede zwischen dem Pegasus-Relief und dem Nofretete-Relief.
Informiere dich über den Pegasus und über Nofretete.

Gieße eine 3 cm starke Gipsplatte in einer leeren Schachtel und schnitze daraus mit Messern ein Tier-Relief.
*Schnitze nie in Richtung deines Körpers oder der anderen Hand!*

→37

Bildnis der Königin Nofretete aus Amarna, Ägypten, um 1340 v. Chr.
Kalkstein. Höhe 27 cm, Breite 16,5 cm, Tiefe 4 cm.

# Relief

Das Springerle ist ein Weihnachtsgebäck, das mit einem Relief* verziert ist. Das „Model“ – die Präge- oder Backform – wird in den Teig gedrückt. Das versenkte Relief des Models hinterlässt im Teig ein erhabenes (erhöhtes) Relief. 10/11

Springerle-Model, Nürnberg, 19. Jahrhundert.

Das fertig gebackene Springerle. Dargestellt ist „Hans im Glück“.

Das Rollsiegel wird über den feuchten weichen Ton gerollt. Dabei werden die Formen des Reliefs in den Ton gedrückt.

Rollsiegel, Syrien, 3. Jahrtausend v. Chr.

## Präge- und Gussformen

Eduardo Paolozzi hat dieses Gipsrelief so 37 hergestellt, wie es rechts beschrieben wird.

Welche Gegenstände hat Paolozzi in den Ton gedrückt?

Eduardo Paolozzi, Gipsrelief, 1948.

# Mit Gips ein Relief abgießen

Den Boden einer flachen Pappschachtel mit Ton bedecken.

Verschiedene Gegenstände in die Tonschicht drücken und wieder herausnehmen.

Wenn der Gips getrocknet ist: Schachtel auseinander nehmen, den noch nassen Ton ablösen.

Der Gipsguss macht viel Schmutz. Arbeitet also im Freien!

So rührst du Gips an:

Kleine Plastikwanne mit Wasser

Einige Tropfen Zitrone (damit der Gips nicht zu schnell trocknet).

Lasse Gips in das Wasser rieseln, bis der Gipsstaub nicht mehr einsinkt.

Warte 15 Minuten. Rühre den Gipsbrei um. Gipsklumpen zerdrückst du.

# Relief

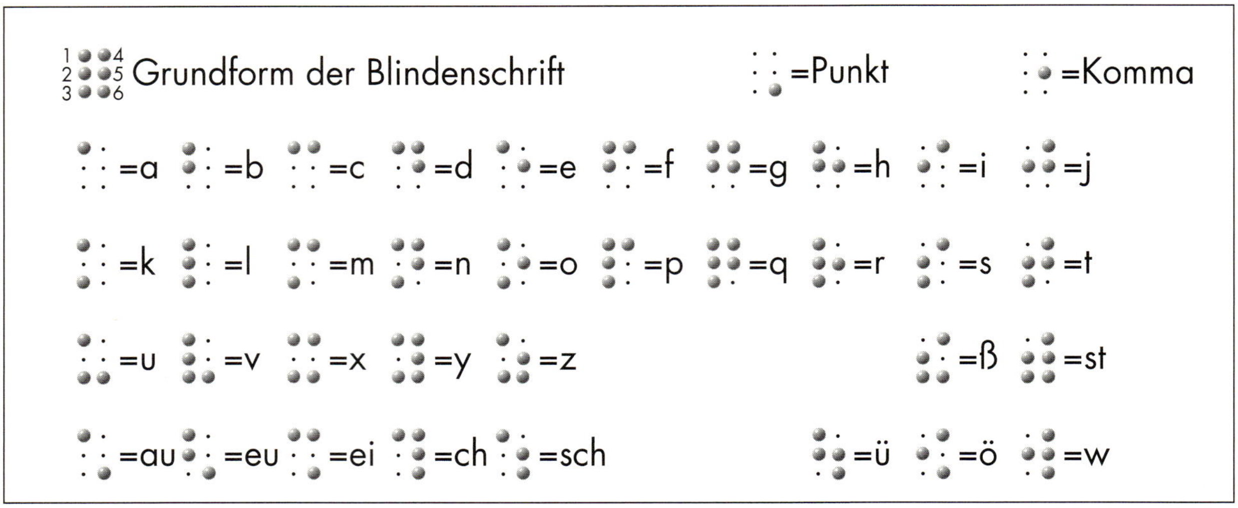


Die Blindenschrift wurde 1825 von Louis Braille erfunden. Deshalb heißt sie „Braille". Jeder Buchstabe besteht aus Punkten, die mit einem Stift, einer Schreibmaschine oder mit dem Computer als Relief in das Papier geprägt werden. Blinde ertasten die Schrift mit ihren Fingerspitzen.

34/35

## Die Hand als Auge

Kinder der Staatlichen Schule für Blinde und Sehbehinderte in Ilvesheim haben für euch einige Zeilen geschrieben. Versucht sie zu lesen. Oben im Alphabet findet ihr alle Buchstaben.

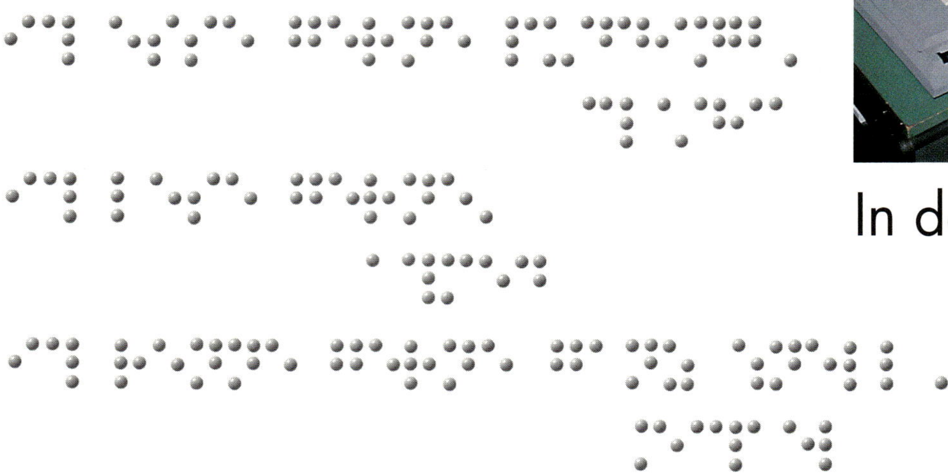

In der Schule

Schreibe selber in Braille. Lege auf einen Stapel Zeitungen ein Papier. Drücke mit einem Kugelschreiber Punkte hinein. Denke daran: auf der Rückseite erscheint alles seitenverkehrt! Drehe das Papier zum Lesen um.

In der Stuttgarter U-Bahn-Station Degerloch wurden Straßen- und Streckenpläne für Blinde und Sehbehinderte eingerichtet. Die Pläne sind als Tast-Reliefs dargestellt.

Das Relief des linken Planes sieht so aus (Ausschnitt):

Blinde können sich mit dem Langstock an Metall-Leisten entlangtasten. Sehbehinderte orientieren sich an den schwarzen Scheiben.

## ... und unterwegs

Vergleiche den Plan links oben mit den Fotos vom Relief. Was ist gleich? Was ist anders?

Schließe die Augen. Führe einen Bleistift mit dem ungespitzten Ende leicht über den Tisch und über verschiedene Dinge. Beschreibe deine Erfahrungen.

Untersucht eine Baumrinde, eine Mauer oder den Boden. Zeichnet, malt und modelliert eine dieser Oberflächen.

# Klangskulptur

Die Skulptur* „Klangspiele" der Künstlerin Andrea Zaumseil auf der Wiese der Staatlichen Schule für Blinde und Sehbehinderte in Ilvesheim bei Mannheim.

## Für Blinde und für Sehende

Ein blindes Mädchen wirft eine Holzkugel in den Turm der Klangskulptur. Wie die Kugel eine Treppe hinunter fällt, kann man zwar nicht sehen, aber hören.

Auf dem Weg, den die Kugel rollt, befinden sich unterschiedlich große Glocken.

Ein sehbehinderter Junge untersucht eine der Glocken.

Die Kugeln rollen über Reliefs* aus Metall und Holz.

Welche Geräusche entstehen in der Skulptur? Beschreibe sie anhand der Abbildungen.

Baut im Schulhof eine Klangskulptur-Kugelbahn mit unterschiedlichen Materialien.

# Fotogramm

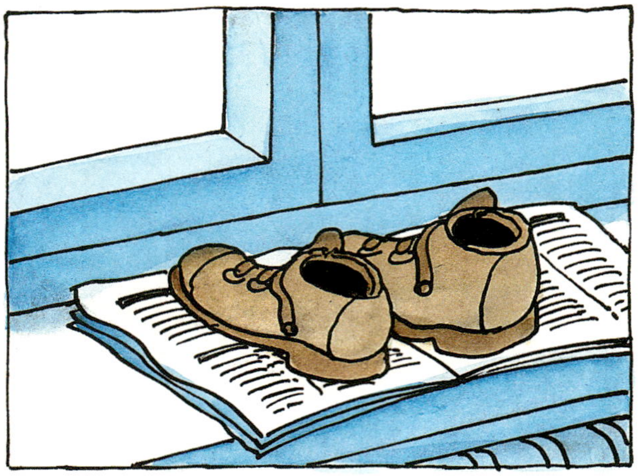

Hier hat jemand seine regennassen Schuhe zum Trocknen aufgestellt.

Als er sie nach einigen Tagen wieder wegnahm …

## Ein Bild mit weißen Schatten

Der Holzanteil im Papier hat auf das Licht durch Verfärbung reagiert. Solche Veränderungen unter Lichteinwirkung gibt es viele. In den meisten Fällen sind sie ungewollt. Nicht aber bei Fotopapier. Schwarzweiß-Fotopapier ist extra dafür gemacht, dass es bei Lichteinfall grau und schwarz wird – je nach Menge des Lichtes und nach Belichtungsdauer. Deshalb darf man es auch nur im dunklen Raum aus der Verpackung holen.
Die Künstlerin Irina Presnetsova hat in der Dunkelkammer* verschiedene Dinge auf ein Blatt Fotopapier gelegt und danach das Licht kurz eingeschaltet. Dadurch haben sich alle Stellen auf dem Blatt geschwärzt, die nicht bedeckt waren. Mit Chemikalien* hat die Künstlerin das Fotopapier „entwickelt" und „fixiert", also haltbar gemacht. Die ehemals bedeckten Stellen sind nun als „weiße Schatten" zu sehen.

Kennst du weitere Beispiele für Veränderungen, die durch Licht hervorgerufen werden?
Welche Dinge hat Irina Presnetsova für ihr Bild auf das Fotopapier gelegt?
Was stellt ihr Fotogramm dar? Erfinde einen Titel.

Ihr könnt selbst Fotogramme nach der Anleitung auf den nächsten Seiten herstellen. Es ist gar nicht so kompliziert, wie man vielleicht glaubt.

→ 44/4.

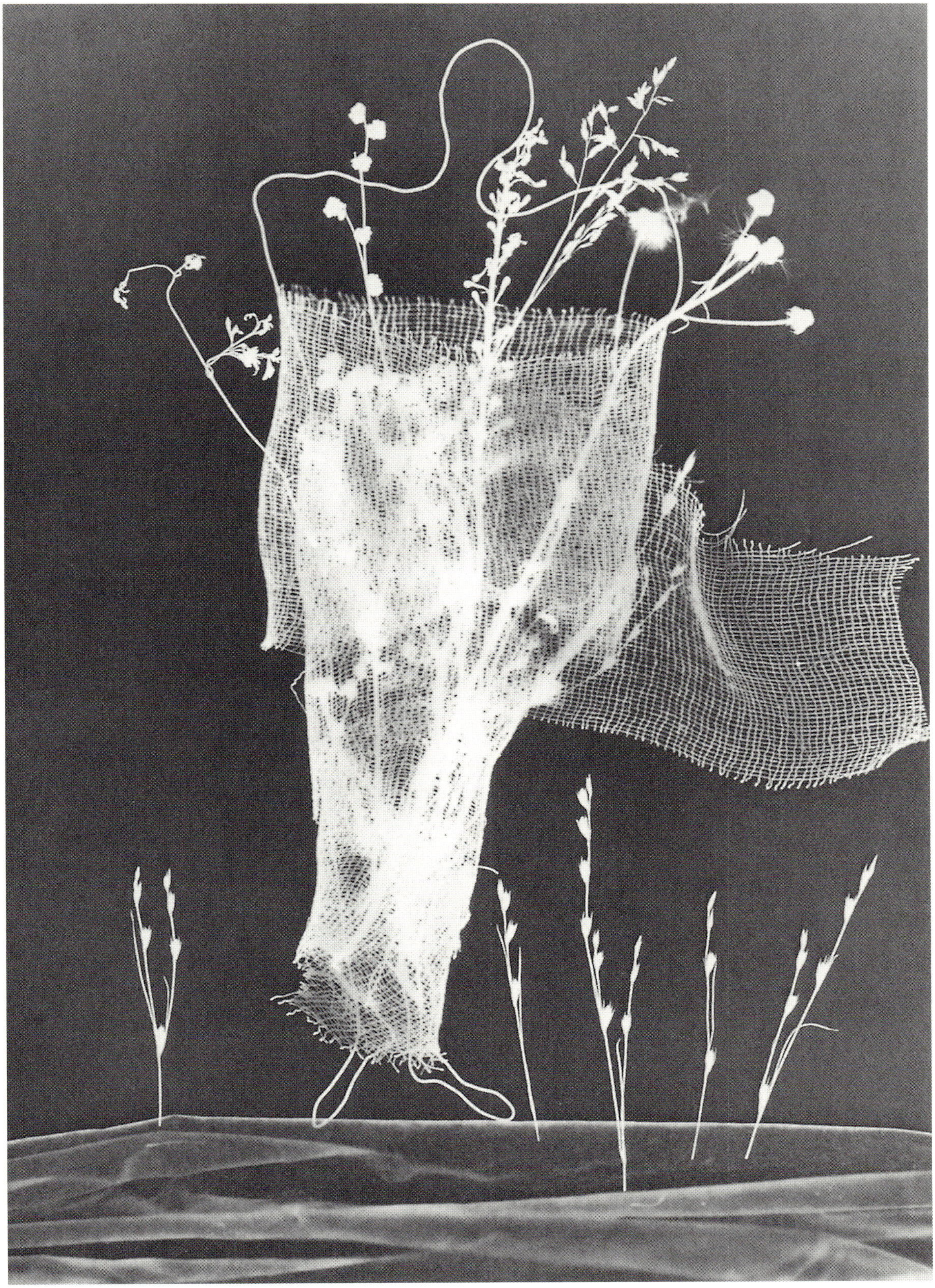

Irina Presnetsova: Fotogramm ohne Titel, 1986.

# Fotogramm

## Zum Selbermachen

1 Sara, Thomas und die anderen haben keine Dunkelkammer. Sie verdunkeln den Raum und schalten eine spezielle Fotolampe mit gelbgrünem Licht an.

2 Sara holt ein Blatt Fotopapier aus der schwarzen Tüte in der Schachtel, legt es unter die Schreibtischlampe und verschließt den Rest wieder lichtdicht.

3 Sara verteilt Gegenstände auf dem Blatt. Thomas macht für etwa 20 Sekunden das Licht an. Die freien Stellen des Papiers werden dadurch „belichtet“. Es verfärbt sich langsam.

4 Die beiden beschleunigen die Verfärbung. Sara fasst das Blatt mit einer Fotopapierzange, taucht es in eine Schale mit „Entwickler“ und bewegt es leicht. Nach wenigen Sekunden werden die belichteten Stellen schwarz.

5 Nach zwei Minuten nimmt Sara das Blatt hoch, lässt es abtropfen und in die „Unterbrecher"-Schale gleiten. Die Zange taucht sie nicht mit ein, sondern klemmt sie an die Entwickler-Schale. Für jedes Bad gibt es eine eigene Zange!

6 Thomas bewegt das Blatt leicht mit einer zweiten Zange, nimmt es nach einer Minute heraus und lässt es in den „Fixierer" gleiten. Dort bewegt er das Fotopapier ab und zu mit einer dritten Zange.

7 Nach fünf Minuten nimmt Thomas das Papier aus dem Fixierer. Nun muss es zehn Minuten bei fließendem Wasser „wässern". Dies kann bei hellem Licht geschehen.

8 Das Fotogramm ist fertig. Es wird zum Trocknen aufgehängt oder auf einem Stück Zeitung ausgelegt.

Foto-Chemikalien sind nicht giftig, können aber die Haut etwas reizen. Vermeidet also die direkte Berührung. Nach der Benutzung kommen die Chemikalien in Vorratsflaschen. Wenn sie ausgelaugt sind, dürfen sie nicht in den Ausguss, sondern müssen entsorgt werden. Erkundigt euch im Fotogeschäft.

# Labyrinth

## Verschlungene Pfade ...

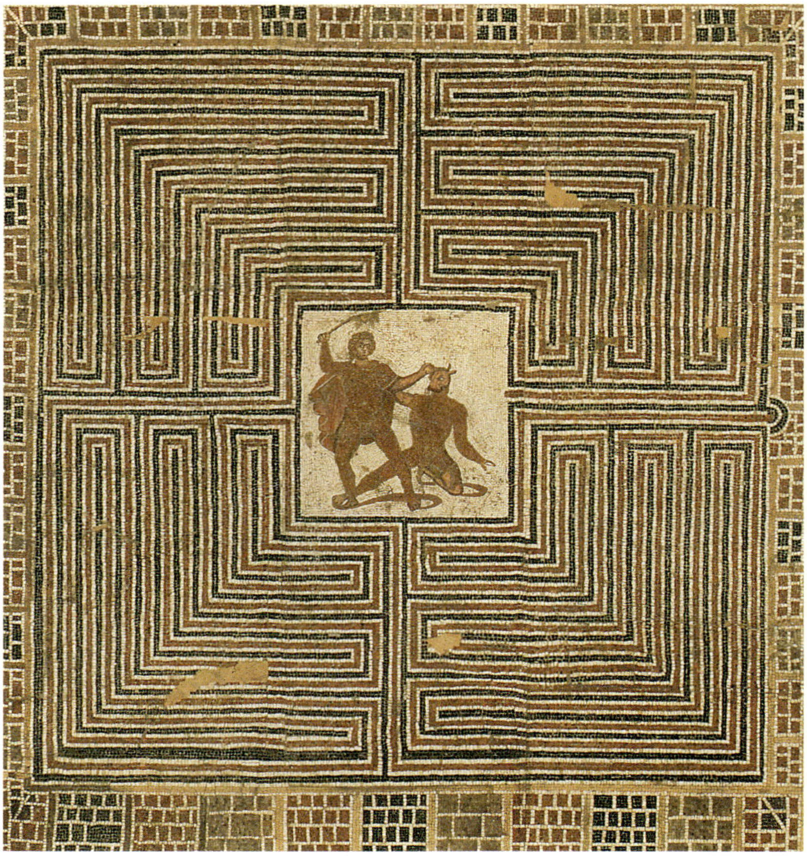

Labyrinth in den Thermen einer großen römischen Villa bei Salzburg (Österreich). Mosaik, 275 - 300 n. Chr., entdeckt 1815.

Feld in der Mitte: Theseus besiegt den Minotauros.

(Tauros: griechisch = Stier; Minos: so hieß der König von Kreta.)

Eine griechische Sage:

Der Minotauros – ein Mischwesen aus Stier und Mensch – wurde in einem Labyrinth gehalten. Alle neun Jahre musste die griechische Stadt Athen sieben junge Frauen und sieben junge Männer nach Kreta schicken. Sie wurden dem Minotauros geopfert. Einmal war auch der Königssohn Theseus unter diesen jungen Athenern.
In ihn verliebte sich Ariadne, die Tochter des Königs Minos. Sie gab Theseus ein Knäuel aus rotem Faden. Den wickelte er im Labyrinth ab. Theseus tötete den Minotauros und fand mithilfe des roten Fadens wieder den Ausgang.

Was bedeutet die Redewendung „den Faden verlieren"?

Das Labyrinth auf dem Mosaik hat eine quadratische Außenform. Welche Form hat das Labyrinth von Herrenhausen (S. 47 oben)?

Warum legte man in Schlossgärten und öffentlichen Parks wohl Labyrinthe an?

Labyrinth in der Gartenanlage von Herrenhausen in Hannover, 1936/37 nach einem Plan aus dem Jahr 1674 ausgeführt. – Die Wände aus Buchenhecken sind 2,10 Meter hoch. Nicht nur Kinder, sondern auch Erwachsene können also nicht hinüberschauen.

# ... und Irrwege

Es gibt Labyrinthe, die aus einem einzigen langen, verschlungenen Weg bestehen. In ihnen kann man sich nicht verirren. Es gibt Labyrinthe mit vielen Sackgassen, aus denen man nur nach langem Suchen herausfindet.

Zu welcher Art gehört das Labyrinth auf dem Mosaik und zu welcher das von Herrenhausen? Versuche es herauszufinden. 48

Zeichne unterschiedliche Labyrinthe.

Olaf Nicolai: Labyrinth aus den grünen Plastikbesen der Straßenkehrer von Paris im Park von La Courneuve, 1998. – Es ist nicht leicht, aus diesem Besenwald herauszufinden. Aber selbst Kinder bekommen keine Angst, weil sie über die Wände hinwegsehen und einander Tipps geben können.

# Labyrinthe bauen

## Kleine Labyrinthe

Maria, Timo und Anne haben eine Plastikfolie auf die steinerne Tischtennisplatte im Pausenhof gelegt und bauen ein Labyrinth aus Ton. Timo hat einige Gänge mit einer Tonplatte abgedeckt und baut darauf eine zweite Etage. Maria macht einige Gänge ganz eng. Anne formt Figuren, die sie in das Labyrinth stellt.

## Für das Sommerfest ...

... soll ein Labyrinth gebaut werden. Da gibt es viele Fragen: Wo soll es stehen? Im Hof? In den Gängen? In der Aula? In der Turnhalle?
In Büchern entdecken Christopher, Sabrina und Corinna unterschiedliche Formen von Labyrinthen.* Sie wollen aber eine eigene Form erfinden.
Das Festkomiteee entscheidet, das Labyrinth im Hof aufzubauen.



*Das rechte Bild zeigt den Grundriss des Labyrinthes von Herrenhausen (S.47)

# Große Labyrinthe

Am Tag vor dem Sommerfest fahren Eltern viel Material in den Schulhof: große Kartons, Latten und Bretter, alte Möbel, Ziegelsteine, Äste, alte Autoreifen …

# Maßwerk

Freiburger Münster, südliches Seitenschiff. Das Fenster rechts wurde um 1230 als erstes gebaut, nachdem der Treppenturm rechts daneben schon errichtet war. Schrittweise ging es nach links weiter, bis die Wand um 1280 fertig gestellt war.

## Baukunst mit dem Zirkel

Im Mittelalter gab es eine Kunst, die heute fast vergessen ist: das Maßwerk. Das moderne Wort hierfür ist Geometrie. Maßwerk wurde durch Zeichnen mit dem Zirkel vorbereitet. Es ist aus genauen Kreisbögen konstruiert. Vor allem in den Fenstern der großen Kirchen aus der Zeit der Gotik (1220 bis 1520) findet sich Maßwerk, entweder als „Fensterrosen“ oder als Verzierungen in den „Bogenfeldern“ über den Fensterbahnen. Maßwerk ist also in vorgegebene Felder eingepasst.

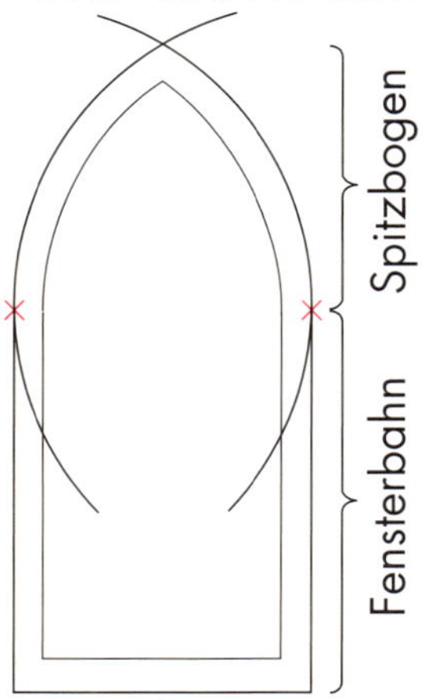


Langfenster

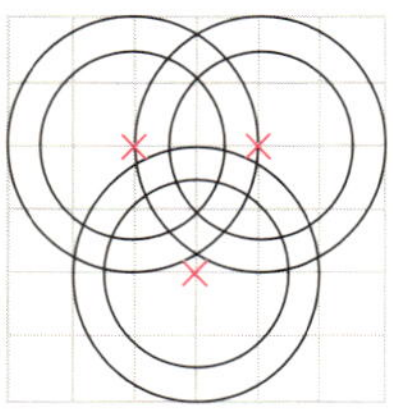

Dreipass

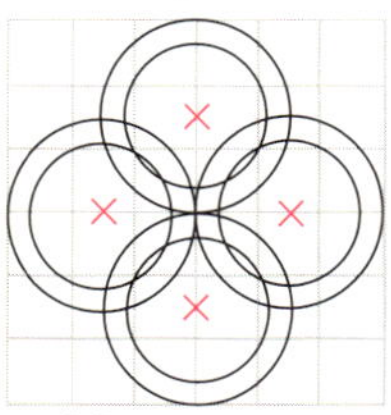

Vierpass

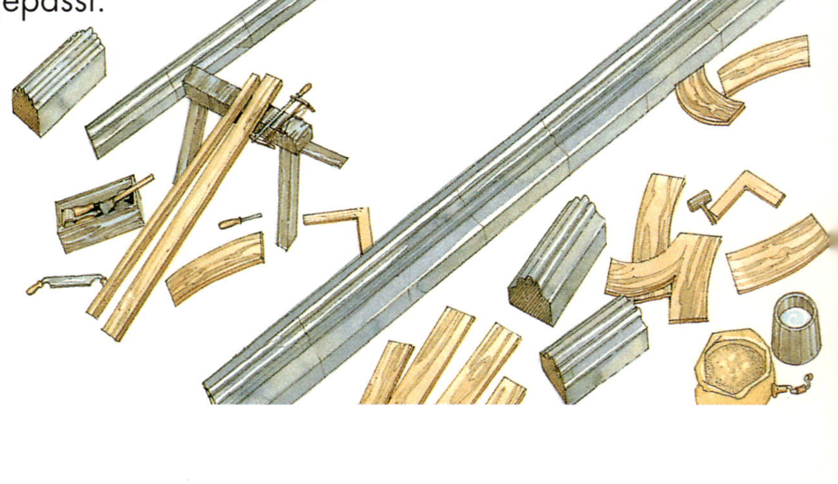

Ein gotisches Maßwerkfenster
vor der Fertigstellung
von oben gesehen.
Zeichnung von
John James, 1990.

So wurde das Maßwerk angefertigt: Nach der Vorzeichnung des Baumeisters wurden zuerst Holzbahnen in Originalgröße hergestellt. Damit konnte man leichter ausprobieren, ob die Teile auch zusammenpassen. Danach mussten Steinmetze das Maßwerk aus vielen einzelnen Steinen hauen. Es wurde erst nach dem Bau der Kirchenwand in der Öffnung zusammengesetzt und mit Mörtel verbunden. Zum Schluss kamen farbige Gläser in die Öffnungen.

Welche Tätigkeiten führen die Personen auf dem Bild aus? Was entdeckst du alles am Boden? Beschreibe die Teile des Fensters.

Der Baumeister der ersten zwei Maßwerkfenster am Freiburger Münster (Foto) wurde entlassen. Kannst du dir die Gründe dafür denken?

Konstruiere mit dem Zirkel ein Maßwerkfenster auf schwarzem Papier und schneide es aus. – Verabredet vorher ein Maß für eure Scherenschnitte. Dann könnt ihr sie zu einer Fensterwand zusammenstellen.

Bau einer Fensterrose in der Kathedrale von Chartres, Frankreich, um 1235.
Zeichnung von John James, 1990.

## Eine Bibel für die Armen

50/51
Von außen ist an den Fenstern von gotischen Kirchen vor allem das Maßwerk sichtbar. Innen aber wird der Kirchenbesucher von der Farbenpracht der Glasmalerei überwältigt. Nur wenige Menschen im Mittelalter konnten lesen. Der Gottesdienst wurde in lateinischer Sprache abgehalten. Deshalb sollten Bilder die Menschen über die Taten der Heiligen und den Inhalt der Bibel informieren. Man sprach von der „Armenbibel."

Schätze die ungefähre Größe der Fensterrose in Chartres.
Welche Tätigkeiten führen die Bauleute gerade aus?

Die Gestaltung der Fenster brauchte viel Zeit.

Zuerst mussten Glasbläser und Glaser die Scheiben anfertigen. Der Glaskünstler bestrich sie dann mit Farben und erhitzte das Glas auf 600 Grad Celsius, damit sie einschmolzen. Die Linien malte er mit Schwarzlot* auf. Die Glasstückchen wurden mit Bleistegen miteinander verbunden.

Erzähle die Geschichte der Arche Noah. Beschreibe genau, wo am Arche-Noah-Fenster die Bleistege entlanglaufen. Wo findest du hier Linien aus Schwarzlot?

Gestalte ein Glasfenster mit einem Tierpaar der Arche Noah. Verwende schwarzes Papier und farbiges Transparentpapier.

Stellt eure Bilder zu einem großen Arche-Noah-Fenster zusammen.

Glasfenster von Hans Acker im Ulmer Münster, um 1430.

Noah taucht aus dem Turm der Kajüte seiner Arche auf und empfängt eine große weiße Taube mit Olivenzweig im Schnabel. Es ist ein Zeichen dafür, dass Gottes Zorn vorüber ist und die Flut zurückgeht. Unten fängt der Rabe gerade ein Kaninchen.

# Durchreiben und Durchdrücken

## Frottage

Künstlerinnen und Künstler sagen dazu „frottieren“ und nennen das Verfahren eine „Frottage“.

34/35

Zur Frottage kannst du alle Gegenstände verwenden, die eine Oberfläche mit Relief haben: alte Bretter, Textilien (am besten mit grobem Gewebe), Netze, raue Wände, Laubblätter und vieles mehr.

Mit diesen Materialien geht das Frottieren besonders schnell und einfach:

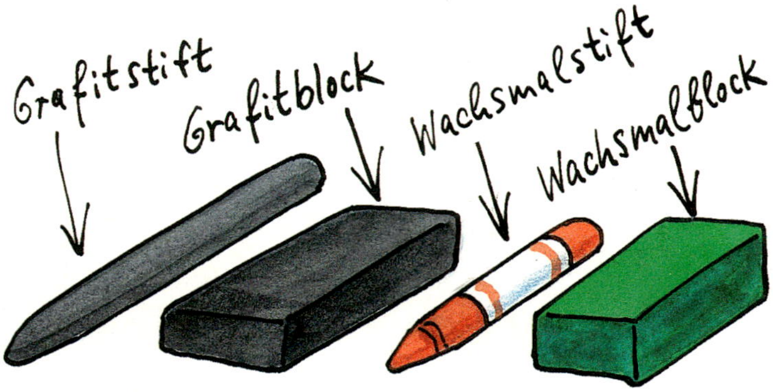

Max Ernst: Frottage, 1925.

Nenne mindestens zwei Dinge, die Max Ernst für seine Frottage verwendet hat.

Frottiert unterschiedliche Gegenstände in der Klasse, im Schulhaus und auf dem Schulhof. Stellt eine Ausstellung zusammen: „Frottagen aus unserer Schule“. Gestaltet dafür auch ein Plakat mit Frottagen.

# Steinabreibung

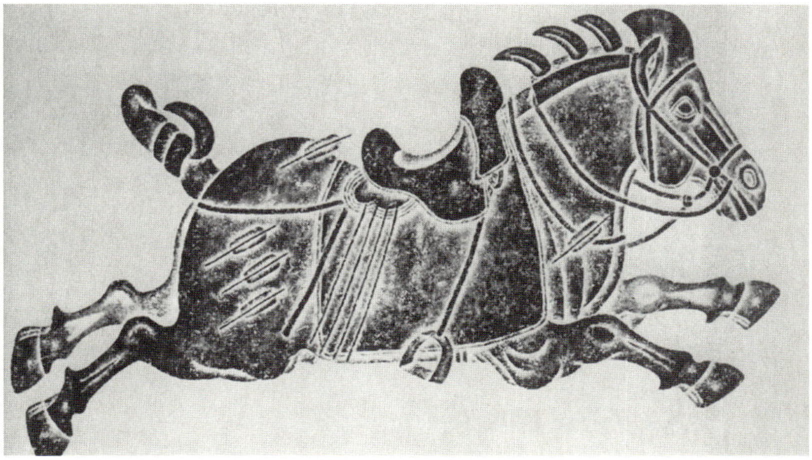

China. Das Relief stammt aus dem 7. Jahrhundert, die Steinabreibung aus dem 19. Jahrhundert. Nur durch diese Steinabreibung ist das Relief überliefert.

34/35

Bei der Steinabreibung wird ein feuchtes Papier auf ein Relief* gelegt und mit einer Bürste in die Vertiefungen hineingerieben. Wenn das Papier getrocknet ist, wird Tusche auf das Blatt aufgetragen. Nur die erhabenen Stellen nehmen die schwarze Tusche an.

# Materialfrottage

Ihr legt einen Bogen Papier auf einen Gegenstand mit einer Relief-Oberfläche: auf ein altes Brett, ein Gitter oder einen Kanaldeckel im Schulhof (nicht auf der Straße!), ...

Auf einer Platte aus Kunststoff oder Linoleum bzw. auf einer Gummimatte walzt ihr Druckfarbe aus. Die eingefärbte Gummiwalze rollt ihr über das Papier. Nur die erhabenen Stellen des Reliefs zeichnen sich auf dem Papier ab.

# Drucken

## Pappdruck

1. Spüle eine Tetrapak-Tüte sauber und schneide sie auseinander.

2. Auf die mit Metall beschichtete Seite zeichnest du ein Tier, einen Baum, eine Figur oder ein anderes Motiv.

3. Drücke mit einem Kugelschreiber oder einem anderen harten Stift noch Rillen in die Pappe – für Augen und Fell beim Tier, für Rinde und Blätter beim Baum, für Muster in der Kleidung.

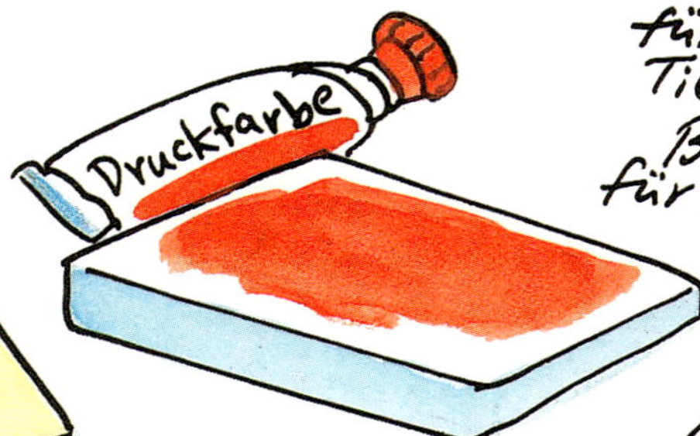

4. Schneide deine Zeichnung aus und klebe sie auf eine andere Pappe auf. Der Druckstock ist fertig.

5. Walze deinen Druckstock mit Druckfarbe ein.

6. Auf den eingefärbten Druckstock legst du einen Bogen Papier. Es soll möglichst dünn sein.

7. Darüber legst du zum Schutz noch ein Zeitungspapier.

Du walzt mit einer trockenen(!) und sauberen(!) Gummiwalze mit festem Druck über das Zeitungspapier.

Es geht auch mit einem Suppenlöffel unter Kreisbewegungen.

# Materialdruck

Wähle Materialien aus, die ein Relief besitzen: Laubblätter, alte Bretter, Vorhangstores, Raufasertapeten, Luftkissenfolien usw. Färbe sie mit Druckfarbe ein.

Weiche Gegenstände wie zum Beispiel einen Stoff hältst du an einer Seite fest und rollst die eingefärbte Walze von dort weg. Rolle die Walze nicht hin und her, sonst wickelt sich der Stoff um die Walze.
Die eingefärbten Gegenstände druckst du genauso ab wie den Druckstock beim Pappdruck.

## Schachteldruck

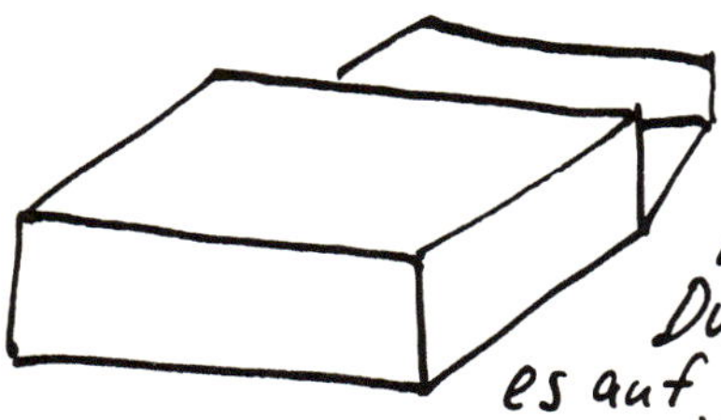

Du faltest eine Schachtel auseinander. Du färbst sie mit Druckfarbe und einer Walze ein. Du druckst sie ab, wie es auf Seite 56 beschrieben ist. Viel Spaß!

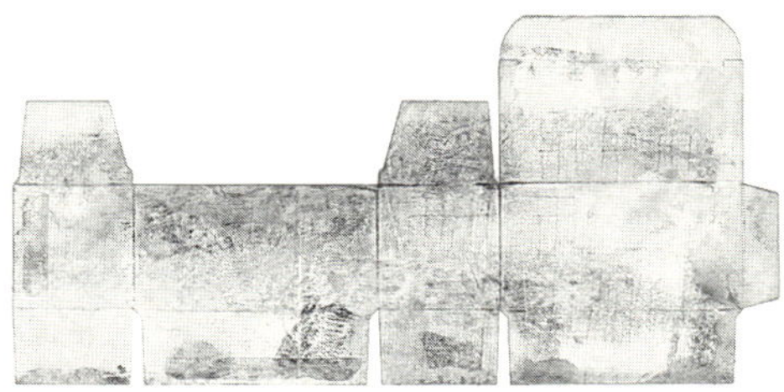

Du kannst mehrere Schachteln nebeneinander drucken. Du kannst noch Rillen in die Pappen drücken.

Du kannst den Schachteldruck auch mit dem Materialdruck kombinieren.

Albrecht Altdorfer: Laubwald mit dem heiligen Georg, 1510. Ölfarben auf Pergament. 28 x 22 cm.

Max Ernst: Der große Wald, 1927. Ölfarben auf Leinwand. 114,0 x 146,5 cm.

# Nichts als Bäume?

Albrecht Altdorfer stellt den heiligen Georg im Kampf mit dem Drachen dar. Der Heilige besiegt den Drachen und befreit damit eine Prinzessin und ein ganzes Land von dem schrecklichen Ungeheuer.

Findest du den Titel von Altdorfers Bild passend? Denke dir einen neuen aus. Was steht im „Vordergrund“, was im „Hintergrund“?
Decke die untere Hälfte des Bildes zu und beschreibe den Wald.

54

Beschreibe das Waldbild von Max Ernst. Gibt es Leben in diesem Wald?

Vergleiche die Waldbilder. Nenne Unterschiede und Gemeinsamkeiten.

Gestalte ein Bild zum Thema: „Ein Wald, in dem ich gerne spazieren gehen würde.“ Blättere in diesem Kunstbuch und lasse dich anregen, welches Verfahren du wählen möchtest.

# Fachbegriffe – Worterklärungen

*Atelier:* (französisch) Arbeitsraum einer Künstlerin oder eines Künstlers.

*Barock:* Stilrichtung des 17. und 18. Jahrhunderts.

*Chemikalie:* künstlich erzeugter, oft flüssiger Stoff.

*Collage:* Klebebild (französisch *coller* = kleben).

*Comic strip:* (englisch) „komischer Streifen", lustige Bildergeschichte.

*Druckstock:* eine fertig ausgearbeitete Druckplatte.

*Dunkelkammer:* Raum mit gelbgrünem Licht für die Arbeit mit Fotopapier.

*Fotopapier:* Papier mit einer Beschichtung aus Silbersalzen, die auf Lichtstrahlen reagieren.

*Frottage:* siehe Seite 54.

*Gips:* Mineral, das bei der Verdunstung von Meerwasser entsteht. Das Material „gebrannter Gips" wird durch Erhitzen des Gips-Steines und Feinmahlen hergestellt.

*Gotik:* Stilrichtung des Mittelalters, von ungefähr 1220 bis 1520.

*Grafit:* Material, aus dem die Bleistiftmine besteht.

*Hintergrund:* Bei Bildern, die den Eindruck von Raum erwecken, gibt es Vordergrund, Mittelgrund und Hintergrund.

*Horizont:* Linie zwischen Himmel und Erde.

*Kathedrale:* große Kirche, bischöfliche Hauptkirche.

*Kolumne:* (lateinisch, „Säule"), Spalte mit Text; oder auch: ein Artikel, der in einer Zeitung oder Zeitschrift immer an der gleichen Stelle erscheint.

*Layout:* (englisch, „auslegen"), Bezeichnung für die Gestaltung von Buch- oder Zeitungsseiten mit Bildern und Texten, die dafür auf dem Tisch ausgelegt werden.

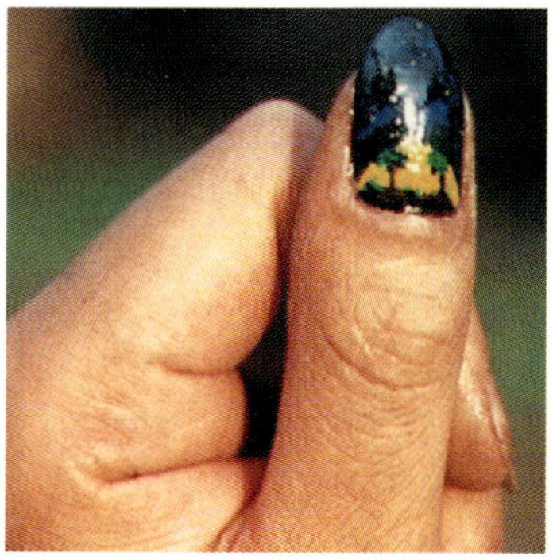

Timm Ulrichs: Mondaufgang auf dem Daumennagel, 1973. Miniatur-Gemälde mit Acrylfarben.

*Miniatur:* handgemaltes Bild aus einem alten Buch. Das Wort kommt von der rötlichen Farbe „Mennige" (lateinisch *minium*). Es wird auch gebraucht für Malerei in kleinem Format.

*Mörtel:* Mischung aus Sand, Kalk und Wasser, die Maurer verwenden, um Mauersteine zu verbinden.

*Originalgröße:* gleiche Größe wie beim Vorbild.

*Porträt:* Wiedergabe einer Person.

*Pseudonym:* Vom griechischen Wort *pseudonymos* = „fälschlich so genannt". Viele Künstler legen sich ein Pseudonym zu.

*Radierung:* Tiefdruckverfahren. Die Druckplatte entsteht durch Ritzen oder Ätzen einer Zeichnung in eine Metallplatte.

*Redaktion:* Gruppe von Leuten, die Texte und Bilder für eine Zeitung oder ein Buch bearbeiten.

*Relief:* mehr oder weniger erhöhte, an eine Hintergrundplatte gebundene Skulptur (von italienisch *relievo* = erhaben).

*Rohrfeder:* Zeichenfeder aus Schilf- oder Bambusrohr.

*Rubrik:* Ort, dem immer gleiche Dinge zugeordnet werden, vor allem bei Zeitungen (z. B. die Rubrik Sport).

*Satzspiegel:* der bedruckte Teil einer Seite.

*Schwarzlot:* pulverisiertes Glas, vermischt mit Metallteilchen.

*Seitenschiff:* Seitenraum in einer Kirche, meist links und rechts neben dem „Hauptschiff". (➤Abbildung rechts.)

*Steinmetz:* ein Bearbeiter von Steinformen, die zur Architektur gehören (z. B. Gesimse), im Gegensatz zum Bildhauer, der freie künstlerische Arbeiten (Figuren) herstellt.

*Stillleben:* die Darstellung von leblosen Gegenständen, die „still" daliegen, oder -stehen, z. B. Blumen, Früchte, Bücher oder Musikinstrumente.

*Therme:* Hallenbad mit erwärmtem Wasser (von griechisch *thermos* = warm).

*Tusche:* wasserfeste Zeichenflüssigkeit.

*Type:* Schriftart.

*Skulptur:* dreidimensionales Kunstwerk, meist aus Stein oder Holz.

*Vordergrund:* der Raum, der im Bild vorn ist. > Siehe Hintergrund.

*Zeremonie:* feierliche Handlung.

Seitenschiff Hauptschiff Seitenschiff

Grafik von Inge und Istvan Szasz.*

*Aus: dtv-Atlas Baukunst. © 1981 Deutscher Taschenbuch Verlag, München.

# Künstlerinnen und Künstler

Acker, Hans (um 1430 tätig in Ulm), deutscher Künstler und Kunsthandwerker.

Altdorfer, Albrecht (1480 - 1538), deutscher Maler.

Beyeren, Abraham van (1620/21 - 1690), holländischer Maler.

Constable, John (1776 - 1837), englischer Maler.

Disney, Walt (1901 - 1966), amerikanischer Zeichner.

Ernst, Max (1891 - 1976), deutscher Künstler.

Gernhardt, Almut (1940 - 1989), deutsche Malerin und Kinderbuch-Illustratorin.

Gernhardt, Robert (geb. 1937), deutscher Zeichner und Schriftsteller.

Hegenbarth, Josef (1884 - 1962), deutscher Zeichner.

Hummel, Johann Erdmann (1769 - 1852), deutscher Maler.

Klee, Paul (1879 - 1940), Schweizer Maler und Zeichner.

Kolár, Jiri (geb. 1914), tschechisch-französischer Künstler.

Leonardo da Vinci (1452 - 1519), italienischer Künstler.

Loriot (Pseudonym* von Vico von Bülow, geb. 1923), deutscher Zeichner und Filmemacher.

James, John , englischer Zeichner und Illustrator.

Mack, Heinz (geb. 1931), deutscher Künstler.

Magritte, René (1898 - 1967), belgischer Maler.

Muybridge, Eadweard (Pseudonym* von Edward James Muggeridge, 1830 - 1904), englischer Fotograf, in Amerika tätig.

Nicolai, Olaf (geb. 1962), deutscher Künstler.

Oldenburg, Claes ( geb. 1929), amerikanischer Plastiker.

Paolozzi, Eduardo (geb. 1924), englischer Grafiker und Plastiker.

Parmigianino (Pseudonym* für Francesco Mazzola, 1503 - 1540), italienischer Maler.

Picasso, Pablo (1881 - 1973), spanischer Künstler.

Presnetsova, Irina (geb. 1951), russische Künstlerin.

Sacco, Joseph (tätig zwischen 1833 und 1865), Bildnisminiaturmaler.

Steinberg, Saul (1914 - 1999), amerikanischer Zeichner.

Stoll, Artur (geb. 1947), deutscher Maler und Plastiker.

Turner, William (1775 - 1851), englischer Maler.

Ulrichs, Timm (geb. 1940), deutscher Künstler.

Zaumseil, Andrea (geb. 1957), deutsche Künstlerin.

# Bildnachweis/Quellenverzeichnis

S. 4 The Royal Academy of Art, London.
S. 5 The Tate Gallery, London.
S. 6 Menil-Stiftung, Houston.
S. 7 René Magritte, Le Faux Miroir. The Museum of Modern Art, New York. Purchase. Photograph © 1999 The Museum of Modern Art, New York. © VG Bild-Kunst, Bonn 1999.
S. 7 Text nach einer Pressemeldung in: Süddeutsche Zeitung 5.2.1998.
S. 8 Der Spiegelsee, Gedicht und Bild, aus: Almut und Robert Gernhardt: Ich höre was, was du nicht siehst. Frankfurt/M.: Insel 1975. Abdruck mit freundlicher Genehmigung von Robert Gernhardt.
S. 10 oben, Parmigianino: Kunsthistorisches Museum, Wien.
S. 10 unten, Hummel: Nationalgalerie, Berlin.
S. 11 oben links: Oliver Dieskau, Freiburg.
S. 11 oben Mitte, aus: Lutz Fiesser (Hg.), „Wie war das noch ...?“ Flensburg: PHÄNOMENTA, Signet Verlag Dr. Stinzing 1998.
S. 11 oben rechts, Mack: © VG Bild-Kunst, Bonn 1999.
S. 12 van Beyeren: Staatliche Kunsthalle , Karlsruhe.
S. 13 oben: © Langnese-Iglo GmbH, Hamburg.
S. 13 unten: Claes Oldenburg, New York. Mit freundlicher Genehmigung des Künstlers.
S. 14 Paul Klee: Unterwasser-Garten, 1939, 746 (NN 6). © VG Bild-Kunst, Bonn 1999.
S. 15 oben links: Rolf Witt, UmweltBüro Witt, Oldenburg.
S. 15 oben Mitte, aus: Kurt Kormann, Schwebfliegen Mitteleuropas. Farbatlas. Landsberg: ecomed verlagsgesellschaft 1988.
S. 15 oben rechts: Eberhard Brügel.
S. 15 unten links: Oliver Dieskau.
S. 15 unten rechts:. The Photographic Library of Australia, Sydney.
S. 16 oben, aus: Sehen Staunen Wissen. Schmetterlinge - Die bezaubernde, farbenfrohe Welt der Tag - und Nachtfalter, erschienen 1989 beim Gerstenberg Verlag, Hildesheim. © 1988 Dorling Kindersley Ltd., London.
S. 17 oben, aus: Brehms neue Tierenzykopädie, Band 10: Fische. Freiburg: Herder 1976. Foto: Maltini-Solaini. Rizzoli Editore, Mailand.
S. 17 unten, aus: Günter Ebert/Axel Steiner, Die Schmetterlinge Baden-Württembergs, Band 7: Nachtfalter V. Stuttgart: Verlag Eugen Ulmer 1998.
S. 18 Saul Steinberg, S. J. Greenburger, New York.
S. 19 oben links, Artur Stoll, aus: Kunsthalle Nürnberg (Hg.): Zeichnung heute. Katalog. Kunsthalle Nürnberg 1997.
S. 19 unten rechts, Josef Hegenbarth, aus: Fritz Löffler, Josef Hegenbarth. Dresden 1980. Mit freundlicher Genehmigung des VEB Verlag der Kunst, Dresden.
S. 20 oben: AP, Frankfurt/M.
S. 21 oben: Franz Killmeyer, Kritzendorf (Österreich).
S. 21 unten: Pro Litteris, Zürich (Schweiz). Foto: Studio Bachmeyer, Ortenburg.
S. 22 oben, aus: Gideon Bachmann, Bewegte Bilder. Weinheim, Basel: Beltz 1977.
S. 22/23 unten: Loriot´s Filmfestival . © 1985 by Diogenes Verlag AG Zürich.
S. 24/25 Walt Disney. Donald Duck von Carl Barks. © Disney.
S. 25 rechts unten: Michael Klant, Freiburg.
S. 28 links: Barbier-Mueller Museum, Genf.
S. 28 rechts oben u. unten: Grolier Publishing, New York.
S. 29 Helmut Reichelt, Tübingen.
S. 30 oben links: Grolier Publishing, New York.
S. 30 unten links: Musée Picasso - Robert PICAULT 89CN9036 - © Photo RMN Paris.
S. 32 Paul Klee: Zwei Männer, einander in höherer Stellung vermutend, begegnen sich. 1903, 5. Radierung. © VG Bild-Kunst, Bonn 1999.
S. 33 rechts oben u. Mitte: Grolier Publishing, New York.
S. 33 links Mitte: Michael Klant, Freiburg.
S. 33 links unten: Andreas Noll, BMVg. © by Bundesministerium der Verteidigung (BMVg).
S. 34 Museu Nacional d'Art de Catalunya, Barcelona.
S. 35 Ägyptische Altertümerverwaltung, Kairo. Verlag Philipp von Zabern, Mainz.
S. 36 oben: Michael Büchner, Freiburg.
S. 36 Mitte, aus: Gernot Wilhelm (Hg.), Zwischen Tigris und Nil: 100 Jahre Ausgrabungen der Deutschen Orient-Gesellschaft in Vorderasien und Ägypten. Mainz: von Zabern 1998.
S. 36 unten, Paolozzi: © VG Bild-Kunst, Bonn 1999.
S. 38 Eberhard Brügel, Freiburg.
S. 39 Oliver Dieskau, Freiburg.
S. 40 oben u. S. 41 unten: atelier altenkirch, Karlsruhe.
S. 40 unten u. S. 41 oben: Andrea Zaumseil. © VG Bild-Kunst, Bonn 1999.
S. 43 Mit freundlicher Genehmigung von Verlag der Kunst, G + B Fine Arts Verlag, Dresden.
S. 46 Kunsthistorisches Museum, Wien.
S. 47 oben: Jost Schilgen, Hannover.
S. 47 unten: © VG Bild-Kunst, Bonn 1999. Foto: Michael v. Graffenried, Paris. +49 photo / VISUM, Hamburg.
S. 50 oben: Eberhard Brügel, Freiburg.
S. 50/51 u. S. 52 John James, aus: Fiona MacDonald/John James: Eine Kathedrale im Mittelalter. Nürnberg: Tessloff 1992. © 1991 The Salariya Book Co Ltd., Brighton.
S. 53 © 1999 by I. P. Verlagsgesellschaft. International Publishing, Germering.
S. 54 unten, Max Ernst: Frottage (Les éclairs au-dessous de quatorze ans. Histoire Naturelle, Blatt 24). © VG Bild-Kunst, Bonn 1999.
S. 55 oben, aus: Abe Capek, Chinesische Steinbilder. Prag: Artia 1962.
S. 58 Altdorfer: Alte Pinakothek, München.
S. 59 Max Ernst: © VG Bild-Kunst, Bonn 1999. Kunstmuseum, Basel.
S. 60 Timm Ulrichs: © VG Bild-Kunst, Bonn 1999.
S. 61 unten recht, aus: Werner Müller/Gunther Vogel, dtv-Atlas Baukunst, Band 2. Grafiken von Inge und Istvan Szasz. © Deutscher Taschenbuch Verlag, München.

Es ist leider nicht in allen Fällen gelungen, die uns bekannten Rechtsinhaber zu erreichen. Berechtigte Ansprüche werden selbstverständlich im Rahmen der üblichen Konditionen abgegolten.

# Farbe, Form und Fantasie

Das Kunstbuch für die Grundschule 4

Herausgegeben und verfasst von
Eberhard Brügel und Michael Klant

Illustration: Manfred Bofinger

Titelgestaltung/Typografie: Helke Brandt & Partner
Umschlagillustration: Manfred Bofinger

Die Einheiten dieses Buches wurden in der Praxis vielfältig erprobt.
Die Redaktion wurde beraten von Christel Jahn, Edeltraud Schauer und Ursula Schwarz.

Die Autoren danken Friederike Braun, Annette Franke, Markus Lang, Margret Müller, Christine Popovic, Renate Schwark und Ulla Siebert für Hinweise und Unterstützung.

Zum Gesamtwerk „Farbe, Form und Fantasie" gehören folgende Bände:

| | |
|---|---|
| Kunstbuch 1/2 | Best.-Nr. 3-507-02516-7 |
| Handbuch 1/2 | Best.-Nr. 3-507-02519-1 |
| Kunstbuch 3 | Best.-Nr. 3-507-02517-5 |
| Handbuch 3 | Best.-Nr. 3-507-02520-5 |
| Kunstbuch 4 | Best.-Nr. 3-507-02518-3 |
| Handbuch 4 | Best.-Nr. 3-507-02521-3 |

ISBN 3-507-02518-3


Druck A 5 4 3 2 1 / Jahr 2003 2002 2001 2000 99

Alle Drucke der Serie A der o.a. Bestellnummer sind im Unterricht parallel verwendbar. Die letzte Zahl bezeichnet das Jahr dieses Druckes.

Druck: Appl, Wemding

CHLORFREI
Gedruckt auf Papier, das nicht mit Chlor gebleicht wurde. Bei der Produktion entstehen keine chlorkohlenwasserstoffhaltigen Abwässer.